O ABRAÇO DO ANTÔNIO

TEXTO LUCIANA RIGUEIRA

ILUSTRAÇÕES ELISABETH TEIXEIRA

Dados Internacionais de Catalogação na Publicação (CIP)
(Câmara Brasileira do Livro, SP, Brasil)

Rigueira, Luciana
   O abraço do Antônio : (tinta e braille) / texto Luciana Rigueira ; ilustrações Elisabeth Teixeira. – 3. ed. – São Paulo : Paulinas, 2016.
(Coleção tempo de criança)

   ISBN 978-85-356-4139-4

   1. Literatura infantojuvenil I. Teixeira, Elisabeth. II. Título. III. Série.

16-02250   CDD-028.5

Índices para catálogo sistemático:
1. Literatura infantil   028.5
2. Literatura infantojuvenil   028.5

3ª edição – 2016

Direção-geral: *Flávia Reginatto*
Editora responsável: *Maria Alexandre de Oliveira*
Assistente de edição: *Rosane Aparecida da Silva*
Coordenação de revisão: *Andréia Schweitzer*
Revisão: *Ana Cecilia Mari e Patrizia Zagni*
Direção de arte: *Irma Cipriani*
Gerente de produção: *Felício Calegaro Neto*
Produção de arte: *Mariza de Souza Porto*

Nenhuma parte desta obra pode ser reproduzida ou transmitida por qualquer forma e/ou quaisquer meios (eletrônico ou mecânico, incluindo fotocópia e gravação) ou arquivada em qualquer sistema ou banco de dados sem permissão escrita da Editora. Direitos reservados.

Paulinas
Rua Dona Inácia Uchoa, 62
04110-020 – São Paulo – SP (Brasil)
Tel.: (11) 2125-3500
http://www.paulinas.org.br – editora@paulinas.com.br
Telemarketing e SAC: 0800-7010081
© Pia Sociedade Filhas de São Paulo – São Paulo, 2006

*Para Gérald, Letícia,
Antônio e meus pais.*

Era uma vez Rita,
que ainda não era mamãe,
porque não tinha me encontrado,
mas já se sentia mamãe
porque sabia que eu estava perto.

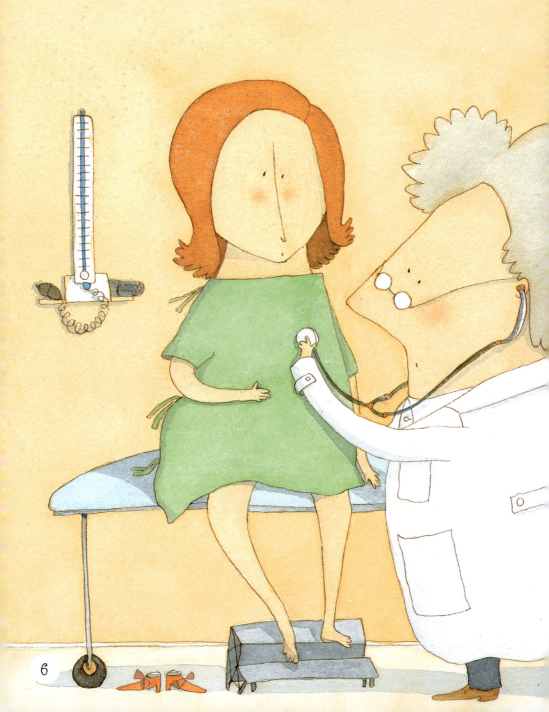

MAMÃE PROCURAVA VÁRIOS MÉDICOS PARA DESCOBRIR SE IA ME ENCONTRAR NA SUA BARRIGA.

PROCUROU VÁRIOS LIVROS
QUE ENSINAVAM COMO CUIDAR DE FILHOS,
PARA ESTAR BEM SABIDA,
QUANDO ME ENCONTRASSE.

PROCURAVA IMAGINAR
O MEU JEITO DE OLHAR,
ENQUANTO VIA DA NOSSA JANELA
TODO MUNDO ESCORREGAR,
RODOPIAR E CIRANDAR.

PROCUROU REZAR TODAS AS NOITES
PARA O ANJO DA GUARDA
AJUDAR A ME ENCONTRAR.

UM DIA, CAMINHANDO ENTRE MUITAS CRIANÇAS E CANSADA DE SEU TANTO PROCURAR, MAMÃE CHOROU E SORRIU QUANDO VIU QUE EU ESTAVA LÁ. APERTEI MAMÃE MUITO FORTE E FIQUEI ABRAÇADO COM ELA.

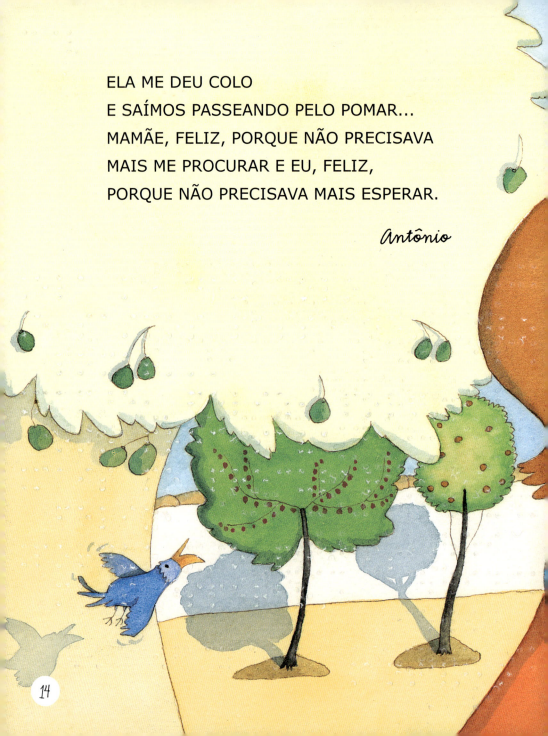

ELA ME DEU COLO
E SAÍMOS PASSEANDO PELO POMAR...
MAMÃE, FELIZ, PORQUE NÃO PRECISAVA
MAIS ME PROCURAR E EU, FELIZ,
PORQUE NÃO PRECISAVA MAIS ESPERAR.

Antônio